La Inteligencia Artificial en el ámbito empresarial: Cómo utilizar IA para mejorar tu negocioIntelligence (AI)

David Francés

Tabla de contenidos

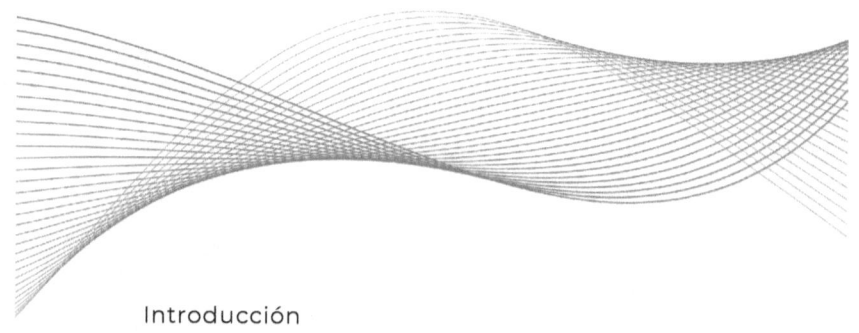

Introducción

Capítulo 1: Primeros Pasos en IA para tu Negocio

Capítulo 2: Automatización de Tareas Repetitivas

Capítulo 3: IA en la Gestión del Negocio

Capítulo 4: Mejorando el Marketing con IA

Capítulo 5: Redes Sociales y Marketing Automatizado con IA

Capítulo 6: Análisis y Predicción de Comportamiento del Cliente

Capítulo 7: IA para la Creación de Contenido

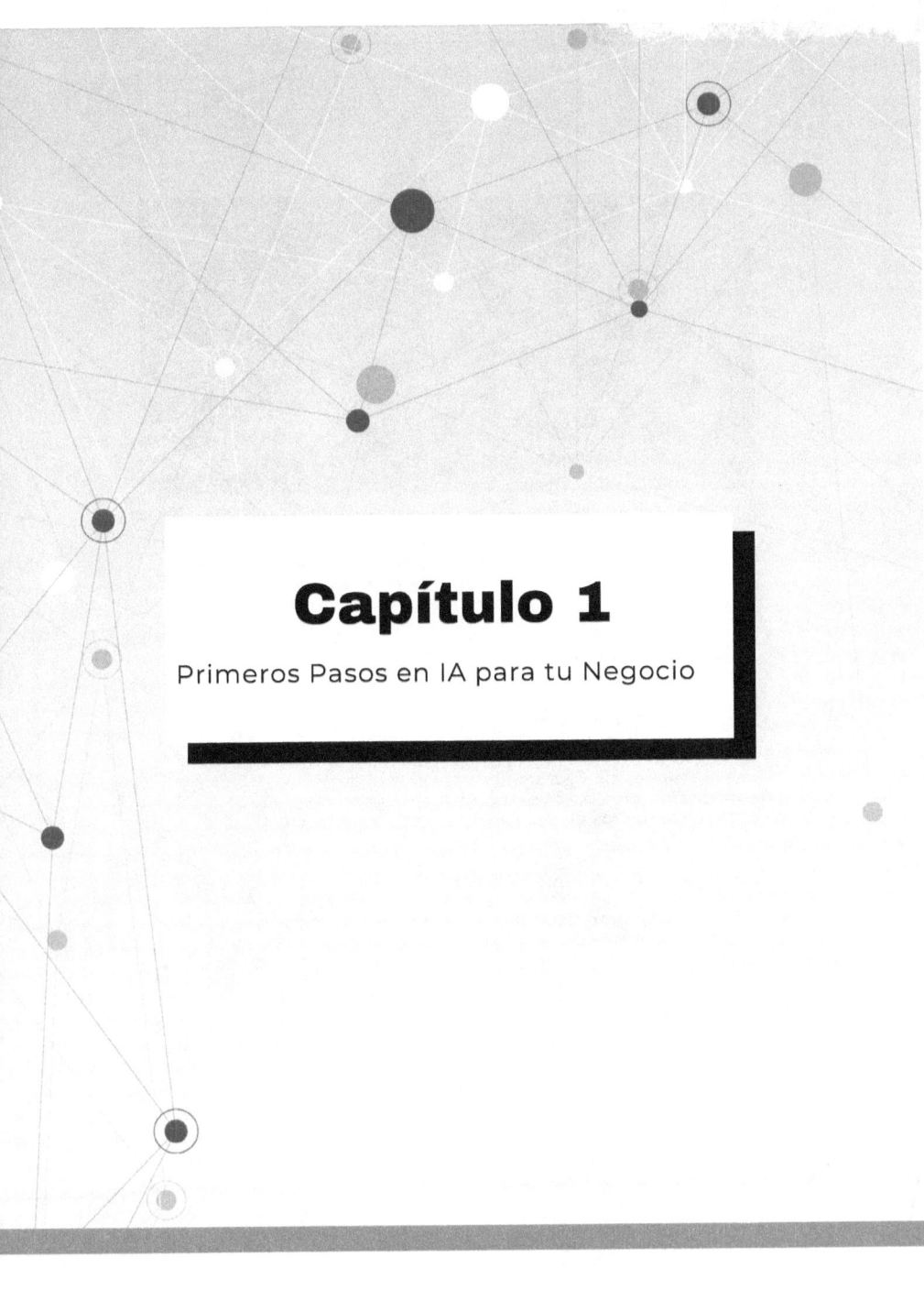

Capítulo 1
Primeros Pasos en IA para tu Negocio

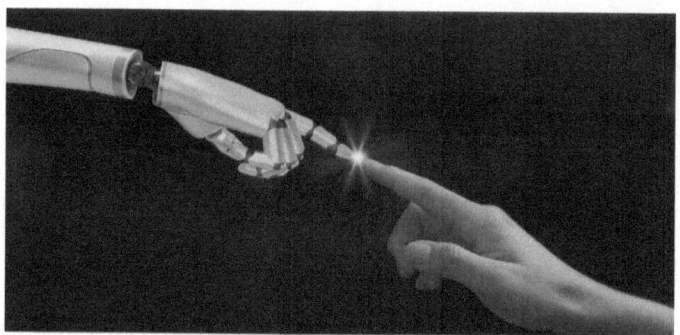

Definición Básica de IA Aplicada a Empresas

Para comenzar, es importante entender cómo la Inteligencia Artificial (IA) se puede integrar en el ámbito empresarial. La IA aplicada a los negocios implica el uso de sistemas que automatizan tareas, analizan grandes cantidades de datos y ofrecen soluciones basadas en patrones. Esto permite a las empresas tomar decisiones más informadas y liberar recursos para actividades estratégicas.

Uno de los conceptos clave de la IA es el aprendizaje automático (o machine learning), una técnica que permite a los sistemas aprender de los datos que reciben y mejorar sus decisiones sin necesidad de ser programados explícitamente. Esto es particularmente útil para predecir comportamientos de clientes o mejorar la eficiencia operativa.

Otro concepto relevante es la automatización, que permite delegar tareas repetitivas y rutinarias a sistemas inteligentes, como la gestión de correos electrónicos, la atención al cliente o la programación de citas. A través de esta automatización, las empresas pueden operar de manera más eficiente, reduciendo costos y mejorando la experiencia del cliente.

Herramientas de IA Realmente Accesibles para Principiantes

Afortunadamente, hoy en día existen muchas herramientas de IA accesibles para emprendedores que no requieren conocimientos técnicos avanzados. Estas herramientas están diseñadas para ser fáciles de usar y permitirte implementar IA en tu negocio sin complicaciones. A continuación, te presentamos algunas opciones:

ChatGPT Una de las herramientas más sencillas y versátiles de IA disponibles es ChatGPT, un modelo de lenguaje que puede generar texto, responder preguntas, redactar correos electrónicos y más. Lo mejor es que no necesitas saber programar para usarlo: simplemente interactúas con la IA escribiendo preguntas o indicaciones, y esta responde de manera precisa. Es ideal para automatizar la creación de contenido, atención al cliente o incluso para generar ideas de marketing.

Grammarly Grammarly es una herramienta impulsada por IA que ayuda a mejorar la calidad de tus textos. No solo corrige errores gramaticales, sino que también sugiere mejoras en el estilo y tono, lo que resulta muy útil si quieres crear correos profesionales o contenido para redes sociales sin cometer errores.

Canva con IA Canva, la conocida plataforma de diseño gráfico, ha integrado IA para facilitar la creación de contenido visual. Con solo ingresar una idea o tema, puedes generar automáticamente diseños atractivos para tus redes sociales, presentaciones o materiales de marketing. La interfaz es muy intuitiva, permitiendo a personas sin experiencia en diseño crear contenido visual de alta calidad.

Copy.ai Esta herramienta utiliza IA para generar textos de marketing, descripciones de productos, correos electrónicos, y más. Solo tienes que proporcionar una breve descripción de lo que necesitas, y Copy.ai genera contenido en cuestión de segundos. Es perfecta para emprendedores que necesitan textos rápidos y atractivos para sus campañas de marketing sin tener que pasar horas escribiendo.

Chatbots sin código Existen plataformas como Tidio y Landbot que te permiten crear chatbots para atención al cliente sin necesidad de saber programar. Estos chatbots pueden responder preguntas frecuentes, guiar a los usuarios por tu sitio web o incluso realizar ventas. Son muy fáciles de configurar, y en pocos minutos puedes tener un asistente virtual trabajando para tu negocio.

Casos Sencillos de Éxito

Tienda de artesanías en línea: Esta pequeña tienda decidió integrar un chatbot básico creado con Tidio para responder preguntas comunes sobre el tiempo de entrega, las políticas de devolución y los materiales de los productos. El chatbot está disponible 24/7 y ayudó a reducir en un 40% el tiempo dedicado a responder correos electrónicos, lo que permitió a los propietarios concentrarse en otros aspectos del negocio.

Consultoría de marketing digital: Utilizando ChatGPT, una agencia de marketing logró automatizar gran parte de la creación de contenido para sus campañas de email marketing. Con solo unas cuantas indicaciones, ChatGPT generaba correos personalizados que luego eran revisados rápidamente antes de ser enviados. Este proceso redujo el tiempo de redacción en un 60% y aumentó la efectividad de las campañas.

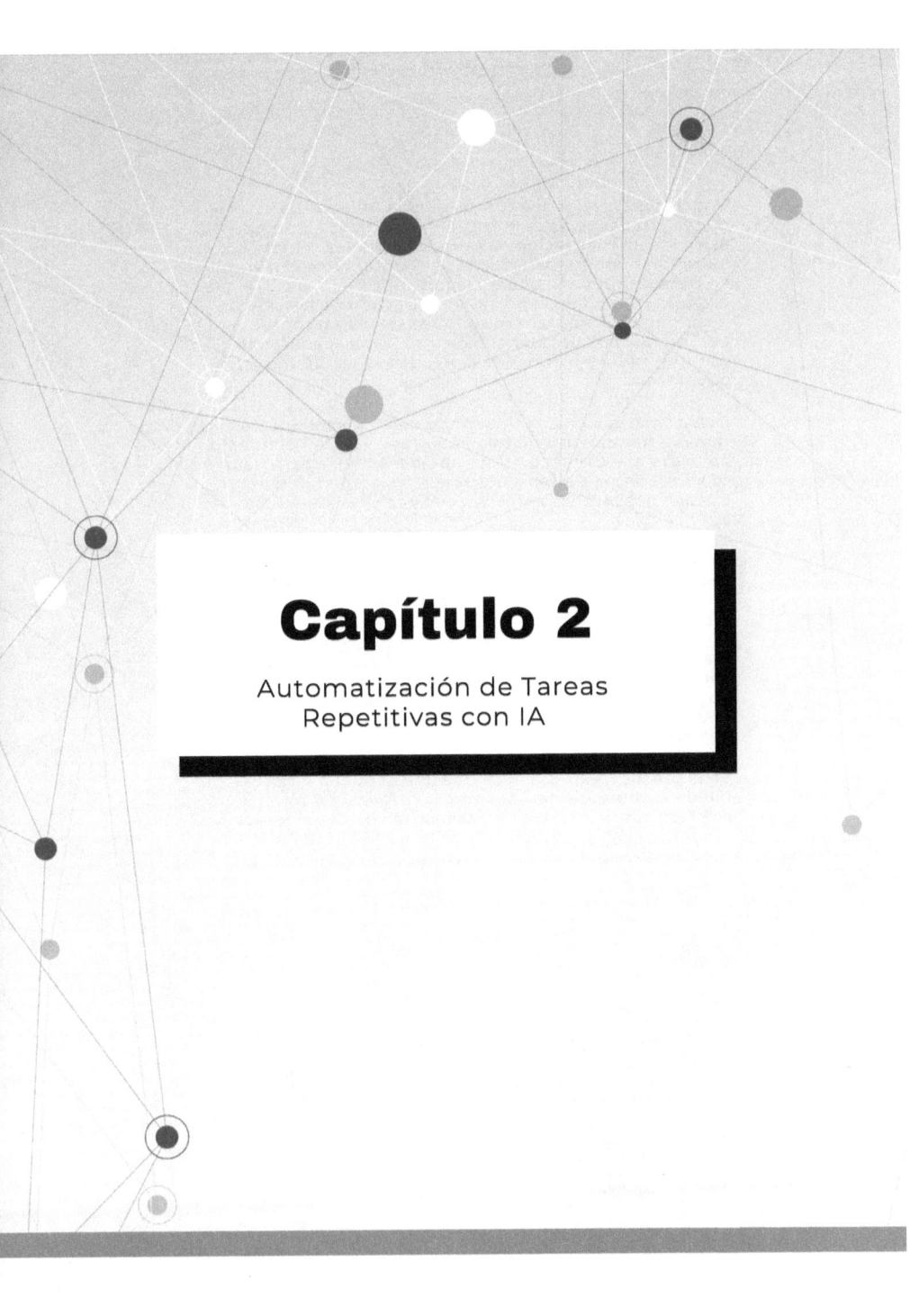

Capítulo 2

Automatización de Tareas Repetitivas con IA

Una de las áreas donde la Inteligencia Artificial (IA) puede ofrecer un valor inmediato y tangible a las empresas es en la automatización de tareas repetitivas. A menudo, los emprendedores y pequeños empresarios se ven atrapados en trabajos rutinarios, como la gestión de correos electrónicos, la atención al cliente o la administración de documentos. Estas tareas, aunque esenciales, consumen un tiempo valioso que podría dedicarse a actividades más estratégicas. Aquí es donde la IA puede marcar una gran diferencia.

La automatización con IA permite delegar este tipo de tareas a herramientas inteligentes, que realizan el trabajo de manera eficiente, precisa y rápida. A medida que la IA toma el control de estas funciones, los emprendedores pueden concentrarse en el crecimiento y la innovación de sus negocios.

La IA en la Automatización

La automatización con IA se basa en la idea de delegar tareas repetitivas o rutinarias a sistemas que "aprenden" y mejoran con el tiempo. A diferencia de los sistemas tradicionales de automatización, que requieren programación manual para ejecutar acciones específicas, la IA puede adaptarse a situaciones nuevas y tomar decisiones basadas en patrones y datos. Además, es más eficiente, ya que puede manejar múltiples tareas de manera simultánea y sin interrupciones.

En la práctica, esto significa que una pequeña empresa puede automatizar tareas como la respuesta a correos electrónicos frecuentes, la clasificación de documentos, la programación de citas, o incluso la atención básica al cliente, sin necesidad de supervisión constante.

Herramientas Prácticas de Automatización con IA

Hoy en día, existen muchas herramientas accesibles para automatizar tareas repetitivas en tu negocio sin necesidad de contar con amplios conocimientos técnicos. Aquí te presento algunas opciones populares:

Zapier: Zapier es una herramienta de automatización que conecta diferentes aplicaciones y servicios entre sí. Aunque no es una plataforma de IA en sí misma, su capacidad para automatizar flujos de trabajo repetitivos lo convierte en una opción poderosa para emprendedores. Por ejemplo, puedes usar Zapier para automatizar el envío de correos electrónicos, la actualización de hojas de cálculo o la publicación en redes sociales. Puedes configurar flujos de trabajo simples como "si recibo un correo nuevo con un archivo adjunto, guárdalo automáticamente en Google Drive".

Trello con Butler: Trello es una herramienta de gestión de proyectos muy utilizada en empresas de todo tipo, y su asistente inteligente llamado Butler puede automatizar tareas recurrentes. Por ejemplo, Butler puede etiquetar automáticamente tarjetas de proyectos según su fecha de vencimiento o moverlas a otra columna cuando se cumpla una condición específica. Esta función es ideal para automatizar el seguimiento de proyectos y tareas del equipo, sin tener que intervenir manualmente.

Chatbots de IA: Plataformas como Tidio, Landbot y ManyChat te permiten crear chatbots sin necesidad de programar. Estos chatbots pueden encargarse de la atención al cliente en tu página web o redes sociales, respondiendo preguntas comunes, gestionando consultas básicas y hasta generando ventas. Lo mejor de todo es que están disponibles 24/7, lo que significa que puedes ofrecer una atención constante sin necesidad de emplear personal adicional.

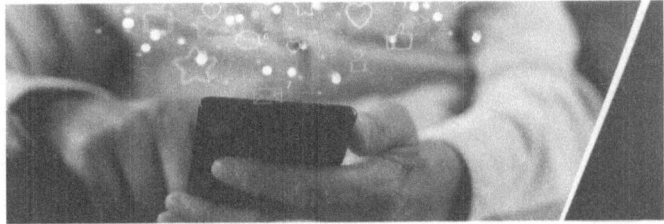

Calendly: Si tienes que gestionar reuniones o citas, Calendly puede automatizar este proceso por completo. Con esta herramienta, puedes configurar tu disponibilidad y enviar un enlace a tus clientes o colegas para que ellos elijan el mejor momento para agendar una reunión. Esto elimina el ir y venir de correos electrónicos para coordinar horarios. Además, Calendly se integra con plataformas de videoconferencia como Zoom y Google Meet, generando automáticamente enlaces para las reuniones.

Respuestas Inteligentes en Gmail: Para aquellos que usan Gmail en su negocio, las "respuestas inteligentes" impulsadas por IA pueden ahorrar tiempo al sugerir respuestas automáticas para correos electrónicos básicos. Por ejemplo, si recibes un correo solicitando información sobre horarios de atención, Gmail puede sugerir una respuesta adecuada, que puedes enviar con un solo clic. Esta pequeña automatización te permitirá gestionar correos de forma más rápida y eficiente.

Ejemplos Prácticos de Automatización

Automatización de la Atención al Cliente: Una tienda online de productos ecológicos implementó un chatbot en su sitio web con Tidio. Este chatbot respondía automáticamente preguntas comunes como "¿Cuáles son las políticas de devolución?" o "¿Tienen envío gratuito?". El resultado fue una disminución del 60% en los correos electrónicos de atención al cliente, lo que liberó tiempo para que el equipo se enfocara en mejorar las descripciones de productos y crear campañas de marketing.

Automatización de Agendas con Calendly: Una consultoría de marketing solía gastar mucho tiempo coordinando reuniones con clientes. Al adoptar Calendly, los clientes podían seleccionar una hora de la agenda del consultor automáticamente, sin necesidad de correos electrónicos de confirmación. Esto redujo el tiempo de organización de citas en un 70%, permitiendo a la consultora centrarse más en la preparación de estrategias para sus clientes.

Automatización del Marketing en Redes Sociales: Un pequeño negocio de artesanías utilizó Zapier para conectar su tienda en línea con sus redes sociales. Cada vez que subían un nuevo producto a su tienda, Zapier automáticamente generaba una publicación en Facebook e Instagram con imágenes y descripciones del producto.

De esta manera, se aseguraban de que su comunidad estuviera al tanto de las novedades sin tener que hacer publicaciones manuales todos los días.

Beneficios Clave de la Automatización con IA

Ahorro de Tiempo: La automatización de tareas repetitivas libera tiempo para que puedas concentrarte en áreas clave del crecimiento empresarial, como el desarrollo de productos o la estrategia de ventas.

Mayor Precisión: Al reducir el factor humano en tareas rutinarias, disminuyes la posibilidad de errores, especialmente en tareas como la gestión de inventarios, la contabilidad o la respuesta a correos electrónicos.

Atención al Cliente Continuada: Los chatbots pueden estar disponibles 24/7, asegurando que tus clientes reciban respuestas rápidas a sus preguntas, incluso fuera del horario laboral.

Escalabilidad: A medida que tu negocio crece, la automatización con IA te permitirá gestionar más tareas sin la necesidad de contratar personal adicional, lo que facilita el crecimiento de tu empresa sin un incremento de costos significativo.

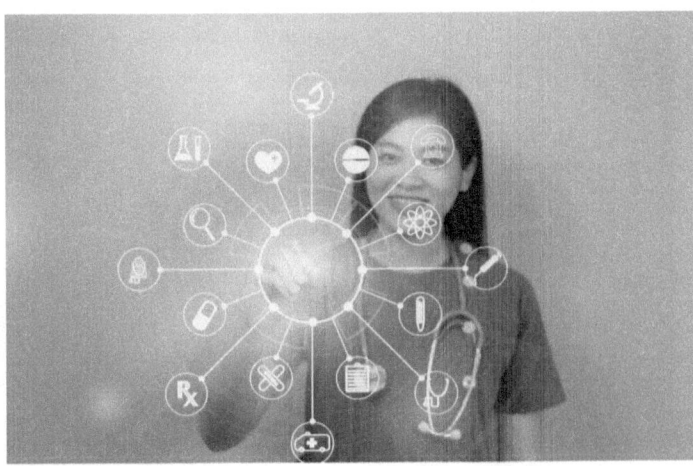

Consejos para Implementar la Automatización en tu Negocio
Identifica las tareas que te quitan más tiempo: Haz una lista de las actividades que consumes mucho tiempo diariamente o semanalmente. Estas son las que deberías considerar automatizar primero.

Comienza con pequeños pasos: No intentes automatizar todo de golpe. Comienza con tareas simples, como responder correos frecuentes o gestionar citas, y luego expande la automatización a otras áreas.

Monitorea y ajusta: Una vez que hayas implementado herramientas de automatización, no las dejes en "piloto automático". Es importante monitorear su rendimiento y hacer ajustes según sea necesario para asegurarte de que están funcionando de manera eficiente.

Capítulo 3

IA en la Gestión del Negocio

En este capítulo, vamos a explorar cómo la Inteligencia Artificial puede optimizar la gestión de tu negocio, desde la toma de decisiones hasta la administración de inventarios y la gestión financiera. Aunque pueda parecer que estas son áreas reservadas para grandes empresas con recursos ilimitados, lo cierto es que la IA está más accesible que nunca para pequeños negocios y emprendedores.

Análisis Predictivo y Toma de Decisiones
Uno de los principales beneficios de la IA en la gestión empresarial es su capacidad para analizar grandes cantidades de datos y ofrecer predicciones precisas. Esto se conoce como análisis predictivo, una técnica que permite prever tendencias, comportamientos del consumidor y posibles fluctuaciones del mercado.

Por ejemplo, imagina que tienes un pequeño negocio de ropa online. A través de herramientas impulsadas por IA, puedes analizar las compras pasadas de tus clientes y predecir qué productos tendrán mayor demanda en cada temporada. La IA utiliza patrones en el comportamiento de los clientes, la popularidad de ciertos productos, y factores externos como las tendencias de moda o las estaciones del año, para darte una visión clara de lo que tus clientes probablemente comprarán en el futuro. Con esta información, puedes ajustar tus inventarios, optimizar tus campañas de marketing y reducir el desperdicio de productos que no se venderán.

Herramientas Accesibles:

MonkeyLearn: Esta plataforma te permite analizar comentarios de clientes, correos electrónicos o reseñas en redes sociales para obtener información clave sobre sus necesidades y expectativas. No necesitas ser un experto en datos para usarla; puedes integrar sus funciones fácilmente en tu negocio para mejorar la toma de decisiones.

Power BI: Microsoft Power BI es una herramienta de análisis de datos que permite visualizar y analizar el rendimiento de tu negocio. Con su integración con IA, puedes hacer predicciones basadas en tus datos históricos para tomar decisiones más informadas sobre tus operaciones.

Gestión Financiera con IA

La gestión financiera es una de las áreas más críticas de cualquier negocio, pero también una de las más desafiantes para los emprendedores. A menudo, pequeños errores en la contabilidad o en la previsión de gastos pueden provocar problemas significativos en el flujo de caja. Aquí es donde la IA puede ser una gran aliada.

Las herramientas financieras impulsadas por IA pueden analizar tus ingresos y gastos de manera automática, predecir posibles dificultades de flujo de caja, y hasta sugerir formas de reducir costos o mejorar la rentabilidad. Además, pueden ayudar a automatizar tareas contables rutinarias, como la emisión de facturas, el seguimiento de pagos pendientes y la gestión de impuestos.

Herramientas Accesibles:

QuickBooks Online con IA: QuickBooks, una de las plataformas de contabilidad más utilizadas por pequeñas empresas, ha integrado funciones de IA que permiten categorizar automáticamente los gastos, generar reportes financieros en tiempo real y predecir el flujo de caja. Además, te avisa de pagos pendientes y puede sincronizarse con tu banco para mantener un registro preciso de tus finanzas.

Xero: Similar a QuickBooks, Xero utiliza IA para simplificar la contabilidad de tu negocio. Con su capacidad para conectarse a tus cuentas bancarias y gestionar facturas, te permite tener una visión clara y en tiempo real de la salud financiera de tu empresa.

Optimización de Inventarios

La gestión de inventarios puede ser una tarea abrumadora, sobre todo si se tiene que hacer manualmente. Aquí es donde la IA destaca, ayudando a las empresas a optimizar sus inventarios, evitando tanto la falta de stock como el exceso de productos que ocupan espacio y generan costos adicionales.

El uso de IA en la gestión de inventarios permite realizar un seguimiento constante de los productos, predecir la demanda futura y ajustar el inventario en tiempo real. Las plataformas de comercio electrónico, por ejemplo, están comenzando a usar IA para prever qué productos se venderán más y cuándo será necesario reabastecer ciertos artículos. Esto significa que no tendrás que preocuparte por quedarte sin los productos más vendidos ni almacenar demasiados de aquellos que no tienen salida.

Ejemplo Práctico: Imagina que diriges una tienda online de accesorios de moda. Gracias a una herramienta de IA integrada en tu plataforma de ventas, puedes identificar los productos más populares entre tus clientes y prever cuándo necesitas reponerlos. Por ejemplo, la IA podría identificar que en los próximos dos meses aumentará la demanda de gafas de sol debido a la temporada de verano, sugiriéndote reabastecer tu inventario con anticipación. Al mismo tiempo, te avisará si tienes un exceso de bufandas, para que puedas ofrecer descuentos antes de que la temporada de frío termine.

Herramientas Accesibles:

TradeGecko: Esta plataforma utiliza IA para ayudar a las pequeñas y medianas empresas a gestionar inventarios de manera eficiente. Con predicciones basadas en datos históricos y análisis de ventas, TradeGecko te ofrece información clave sobre cuándo reponer productos y cómo ajustar tus precios para maximizar ganancias.
Zoho Inventory: Zoho ofrece una solución sencilla para gestionar inventarios con la ayuda de IA. Puedes conectar esta herramienta a tu tienda online o a tu software de contabilidad para recibir actualizaciones automáticas y recomendaciones sobre la gestión de tus productos.

Gestión de Recursos Humanos con IA

La gestión del personal también se puede beneficiar enormemente de la IA. Desde la selección de candidatos hasta la evaluación del rendimiento, la IA puede automatizar muchos de los procesos de Recursos Humanos, permitiendo a los gerentes concentrarse en tareas más estratégicas.

Por ejemplo, herramientas de IA pueden analizar las habilidades y el historial laboral de los candidatos para identificar rápidamente quién es el mejor ajuste para un puesto. Además, plataformas como BambooHR utilizan IA para monitorear el rendimiento de los empleados, sugiriendo áreas de mejora y brindando recomendaciones sobre cómo optimizar la productividad del equipo.

Herramientas Accesibles:

BambooHR: Esta plataforma de gestión de personal utiliza IA para automatizar tareas como el seguimiento de horas trabajadas, la evaluación del rendimiento y la gestión de nóminas. BambooHR también ofrece análisis de datos para que puedas identificar patrones en la satisfacción y productividad de los empleados.

Zoho People: Al igual que Zoho Inventory, Zoho People es parte del ecosistema de Zoho y ofrece funcionalidades impulsadas por IA para la gestión del personal. Puedes utilizarlo para automatizar tareas como la gestión de permisos, evaluaciones de desempeño y la planificación de turnos.

Casos de Uso en Pequeñas Empresas

Startup de Servicios de Limpieza: Esta empresa utilizó QuickBooks con IA para gestionar sus finanzas y mantener un control preciso sobre los ingresos y gastos. Además, implementaron BambooHR para gestionar su equipo de empleados, desde el registro de horas hasta la planificación de turnos. Gracias a la integración de estas herramientas, lograron reducir los errores contables y aumentar la productividad del equipo.

Tienda de Alimentos Orgánicos: Con la ayuda de TradeGecko, esta tienda optimizó su inventario, asegurándose de tener siempre en stock los productos más vendidos durante las temporadas altas. Utilizando predicciones basadas en IA, pudieron reabastecer productos de manera eficiente y reducir el desperdicio de alimentos perecederos.

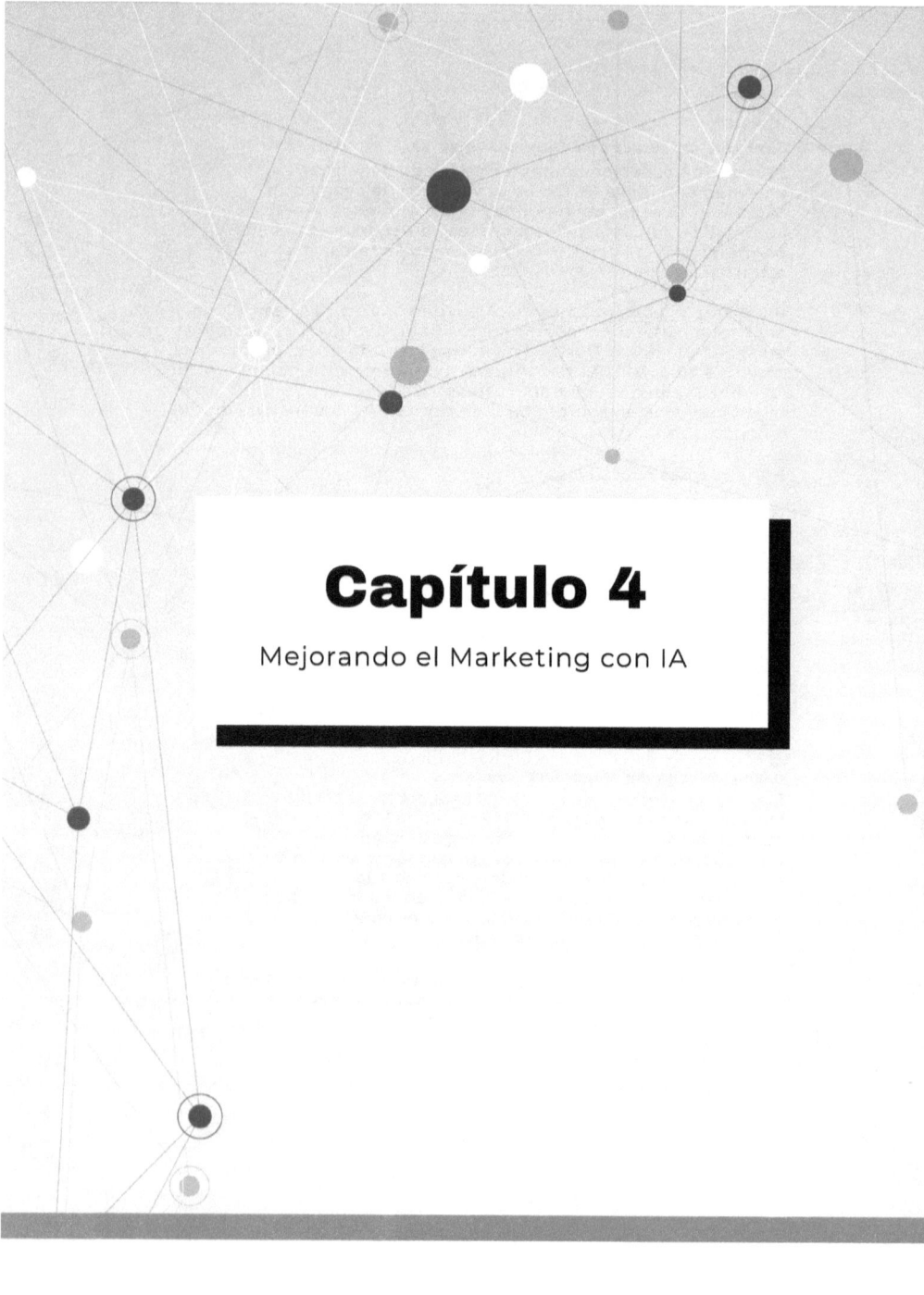

Capítulo 4

Mejorando el Marketing con IA

El marketing es una de las áreas donde la IA está teniendo un impacto más significativo y transformador. Las pequeñas empresas y los emprendedores ya no dependen únicamente de la intuición o de métodos tradicionales para llegar a sus clientes; hoy, gracias a la IA, es posible analizar grandes volúmenes de datos, personalizar campañas y automatizar tareas de marketing. En este capítulo, veremos cómo puedes usar la IA para optimizar tu estrategia de marketing, tanto en redes sociales como en publicidad digital, y mejorar tus resultados con menos esfuerzo.

Introducción al Marketing Digital Basado en IA
En términos sencillos, la IA en el marketing se refiere al uso de tecnologías y algoritmos inteligentes para automatizar tareas, optimizar campañas publicitarias y analizar datos de los consumidores. Las plataformas que integran IA permiten a las empresas no solo alcanzar a su público objetivo de manera más efectiva, sino también comprender mejor sus intereses, comportamientos y preferencias.

Uno de los grandes beneficios del marketing impulsado por IA es que elimina las conjeturas y permite tomar decisiones informadas basadas en datos. Por ejemplo, gracias a los algoritmos de IA, es posible determinar qué tipo de contenido atrae más a tus seguidores, cuál es el mejor momento para publicar en redes sociales y qué anuncios son más efectivos en términos de conversión.

Análisis de Datos de Clientes

El análisis de datos de clientes es el corazón del marketing digital impulsado por IA. A través de la recolección y el análisis de datos de redes sociales, sitios web y correos electrónicos, la IA puede identificar patrones de comportamiento que te ayudarán a comprender mejor a tus clientes. Esto incluye desde saber qué productos prefieren hasta qué tipo de contenido los lleva a interactuar con tu marca.

Herramientas Prácticas para el Análisis de Datos:

Google Analytics con IA: Aunque Google Analytics ya es una herramienta muy conocida para medir el rendimiento de sitios web, ha integrado IA para hacer recomendaciones automáticas sobre cómo mejorar tu presencia online. Por ejemplo, puede detectar qué páginas de tu sitio tienen mayor tasa de rebote y sugerir mejoras, o predecir qué audiencias tienen más probabilidades de convertir.

HubSpot: HubSpot es una plataforma de marketing integral que utiliza IA para analizar datos de clientes y automatizar procesos. Puedes usar HubSpot para segmentar tu audiencia de manera inteligente, identificar qué clientes están más comprometidos y personalizar tu contenido en función de su comportamiento pasado.

Ejemplo Práctico:
Imagina que tienes una tienda online de ropa deportiva. Con HubSpot, puedes analizar el comportamiento de los visitantes en tu sitio web, ver qué productos han visto más veces y qué tipo de contenido han interactuado (como publicaciones de blog o correos electrónicos). La IA te permitirá segmentar estos usuarios en diferentes grupos, como aquellos interesados en running o en yoga, y luego enviarles campañas de marketing personalizadas para aumentar las ventas.

Optimización de Campañas Publicitarias

Uno de los desafíos más grandes para las pequeñas empresas es hacer que sus anuncios sean rentables. Aquí es donde entra en juego la IA. En lugar de depender de la prueba y error, los algoritmos de IA pueden ajustar automáticamente tus anuncios para que lleguen a las personas correctas, en el momento adecuado y con el contenido adecuado. Esto no solo optimiza tu presupuesto publicitario, sino que también mejora los resultados en términos de ventas y conversión.

Plataformas Populares para Optimización de Anuncios:

Facebook Ads con IA: Facebook utiliza IA para analizar las interacciones de los usuarios y optimizar tus anuncios de forma automática. Por ejemplo, si has lanzado una campaña publicitaria, Facebook analizará qué tipo de personas hacen clic en tu anuncio o realizan una compra, y luego ajustará automáticamente la audiencia a la que se muestra tu anuncio para maximizar su efectividad.

Google Ads Smart Bidding: Google Ads ofrece una función llamada "Smart Bidding" (subasta inteligente), que utiliza IA para ajustar las pujas en tiempo real según las probabilidades de conversión. Esto significa que, en lugar de gestionar manualmente tus ofertas, Google ajusta automáticamente las pujas para que consigas el mayor número de conversiones al menor costo posible.

Ejemplo Práctico:
Supongamos que estás promocionando un nuevo producto en Facebook e Instagram. Al lanzar tu campaña, la IA de Facebook comenzará a analizar cómo interactúan los usuarios con tu anuncio. Si detecta que ciertos grupos de personas, como jóvenes entre 18 y 25 años, están más interesados en tu producto, ajustará automáticamente la segmentación de la campaña para mostrar más anuncios a ese grupo, optimizando así los resultados

Marketing Personalizado y Recomendaciones de Productos

Una de las formas más efectivas de aprovechar la IA en el marketing es a través de la personalización del contenido. Los clientes valoran las experiencias personalizadas, y la IA te permite ofrecer recomendaciones de productos y contenido ajustados a los intereses individuales de cada usuario. Esto aumenta las probabilidades de conversión y mejora la lealtad del cliente.

Herramientas Accesibles para Personalización:

Mailchimp: Mailchimp, una plataforma muy conocida para la gestión de correos electrónicos, utiliza IA para personalizar campañas de email marketing. Por ejemplo, puedes enviar correos personalizados basados en el comportamiento de tus clientes (qué productos vieron, qué compraron, etc.), y la IA ajustará el contenido automáticamente para aumentar la tasa de apertura y conversión.

Recombee: Recombee es una plataforma de recomendación de productos basada en IA. Puedes integrarla en tu tienda online para ofrecer recomendaciones personalizadas a tus clientes en función de su historial de compras o de lo que otros usuarios han comprado.

Ejemplo Práctico:
Un ecommerce de productos electrónicos utilizó Recombee para personalizar las recomendaciones de productos a sus clientes. Si un cliente compra un teléfono móvil, el sistema de IA puede sugerir automáticamente accesorios compatibles o productos relacionados, como fundas o auriculares. Este enfoque personalizado no solo aumenta las ventas promedio, sino que también mejora la experiencia del cliente.

Automatización del Marketing en Redes Sociales

La gestión de redes sociales es esencial para cualquier negocio, pero puede consumir mucho tiempo. Afortunadamente, la IA también ha llegado a esta área, permitiendo automatizar tareas como la creación de publicaciones, la respuesta a comentarios y la programación de contenido.

Herramientas de Automatización de Redes Sociales:

~~Buffer:~~ Buffer es una herramienta de gestión de redes sociales que utiliza IA para sugerir el mejor momento para publicar contenido. Además, te permite programar publicaciones con antelación, lo que te ahorra tiempo y asegura que tu contenido salga en los momentos de mayor interacción.

~~Lately.ai:~~ Lately es una plataforma de IA que convierte contenido largo, como entradas de blog o videos, en fragmentos más pequeños y optimizados para redes sociales. Por ejemplo, puedes subir un artículo de blog, y Lately generará automáticamente varios tuits o publicaciones para LinkedIn con los puntos clave, lo que facilita mantener tus redes activas sin tener que crear contenido nuevo todos los días.

Ejemplo Práctico:
Una pequeña agencia de viajes utilizó Lately para transformar sus artículos de blog en publicaciones para sus redes sociales. En lugar de dedicar horas a crear contenido para cada plataforma, simplemente subieron sus blogs y la IA generó múltiples tuits, publicaciones para Facebook y LinkedIn, adaptadas para cada audiencia. Esto les permitió mantener su presencia activa en redes sociales mientras se enfocaban en mejorar sus servicios.

Ejemplos de Uso Práctico de IA en Marketing
Tienda de Productos de Belleza: Esta tienda utilizó Mailchimp para automatizar sus campañas de correo electrónico. Basándose en el comportamiento de los usuarios en su sitio web, la IA personalizaba las recomendaciones de productos en cada correo, lo que aumentó las ventas en un 30% en tres meses.

Consultora de Servicios B2B: Con Buffer, esta consultora programó y automatizó todas sus publicaciones en redes sociales. La herramienta, con la ayuda de la IA, recomendaba las mejores horas para publicar, lo que incrementó el alcance de sus publicaciones y mejoró su visibilidad en LinkedIn, atrayendo nuevos clientes potenciales.

Capítulo 5

Redes Sociales y Marketing Automatizado con IA

Las redes sociales son esenciales para cualquier negocio en la era digital, ya que ofrecen una plataforma directa para interactuar con los clientes, construir una marca y generar ventas. Sin embargo, gestionar múltiples redes sociales de manera efectiva puede ser una tarea abrumadora para los emprendedores. Aquí es donde la Inteligencia Artificial (IA) se convierte en una herramienta invaluable, permitiendo automatizar tareas, mejorar la interacción con los clientes y optimizar el contenido para maximizar el impacto de tu marca.

En este capítulo, veremos cómo utilizar la IA para automatizar y mejorar la gestión de redes sociales, desde la programación de publicaciones hasta la creación de chatbots que interactúen con los usuarios en tiempo real.

Automatización de Redes Sociales
La gestión de redes sociales requiere tiempo y dedicación, ya que implica crear contenido, interactuar con los seguidores y publicar de manera consistente en múltiples plataformas. La IA puede ayudarte a automatizar estos procesos para que puedas mantener una presencia activa sin gastar horas en ello.

Herramientas de Automatización de Redes Sociales:

Hootsuite: Hootsuite es una de las herramientas más populares para la gestión de redes sociales, y gracias a la IA, ahora permite automatizar gran parte del proceso. Puedes programar publicaciones para que salgan en momentos óptimos basados en el análisis de la interacción de tu audiencia. Además, Hootsuite ofrece análisis impulsados por IA para medir el rendimiento de tus publicaciones y hacer recomendaciones de mejora.

Buffer: Buffer es otra herramienta que te permite programar publicaciones en múltiples redes sociales y utiliza IA para sugerir el mejor momento para publicar en función de cuándo tu audiencia está más activa. También puedes analizar el rendimiento de cada publicación para ajustar tu estrategia de contenido de manera automática.

Loomly: Loomly no solo permite programar publicaciones, sino que también ofrece sugerencias automáticas basadas en las tendencias actuales y el comportamiento de tu audiencia. Además, genera automáticamente versiones optimizadas del contenido para cada plataforma, asegurando que tus publicaciones se ajusten al formato ideal de cada red social (Twitter, Instagram, Facebook, LinkedIn).

Creación Automática de Contenido con IA
Crear contenido original y atractivo para redes sociales puede ser un desafío constante. La IA también puede ayudar en esta área, generando ideas de contenido, creando textos optimizados y adaptando contenido existente para diferentes plataformas.

Herramientas de IA para la Creación de Contenido:

ChatGPT para la Creación de Textos: ChatGPT, una herramienta de procesamiento de lenguaje natural, es ideal para generar textos para redes sociales. Puedes usarla para crear publicaciones de manera rápida y sencilla: desde tuits hasta descripciones de productos para Instagram. Lo único que necesitas es proporcionar una breve descripción de lo que deseas y la IA generará el texto automáticamente.

Canva con IA: Si necesitas gráficos y publicaciones visualmente atractivas, Canva es una excelente opción. Con su integración de IA, Canva puede sugerir diseños basados en las tendencias actuales y tus preferencias anteriores, además de ofrecer plantillas preconfiguradas que se pueden personalizar fácilmente para cada red social.

Lately.ai: Como mencionamos en el capítulo anterior, Lately puede tomar contenido largo, como artículos de blog o videos, y convertirlo en fragmentos optimizados para redes sociales. Esto es especialmente útil si tienes mucho contenido en tu sitio web y quieres reutilizarlo para mantener tus redes sociales activas sin tener que crear nuevo contenido desde cero.

Ejemplo Práctico:
Una pequeña agencia de diseño gráfico utilizó Canva y ChatGPT para crear publicaciones atractivas para sus redes sociales. Al generar automáticamente los textos con ChatGPT y diseñar imágenes en Canva, lograron reducir el tiempo dedicado a la creación de contenido en un 50%, mientras mantenían una presencia activa y coherente en Instagram y Facebook.

Análisis de Engagement y Optimización Automática

No basta con publicar en redes sociales; también es importante medir el rendimiento de las publicaciones para entender qué funciona y qué no. La IA facilita este proceso al analizar automáticamente las métricas clave de interacción (engagement), como comentarios, "me gusta", compartidos y clics en enlaces.

Herramientas para Análisis y Optimización:

Sprout Social: Sprout Social es una plataforma que utiliza IA para analizar el rendimiento de las publicaciones y generar reportes detallados sobre el engagement. Lo que hace única a esta herramienta es su capacidad para ofrecer recomendaciones personalizadas sobre cómo mejorar tu estrategia de contenido. Basado en los datos de tu audiencia, te sugerirá qué tipos de publicaciones generan más interacciones y a qué horas deberías publicar para maximizar el impacto.

Cortex: Cortex analiza el contenido de tus publicaciones y utiliza IA para identificar patrones en el comportamiento de los usuarios. Por ejemplo, puede detectar que las imágenes con colores vibrantes generan más interacción en tu perfil de Instagram o que los videos cortos funcionan mejor que los largos. Con esta información, puedes ajustar tu estrategia y optimizar las publicaciones futuras.

Ejemplo Práctico: Un restaurante local utilizó Sprout Social para analizar sus publicaciones en Instagram. La IA identificó que las fotos de platos con colores vivos generaban más interacción que las publicaciones de texto. Con esta información, comenzaron a enfocarse en imágenes de alta calidad de sus platillos más populares y vieron un aumento significativo en el engagement, lo que también incrementó las reservas online.

Chatbots y Atención al Cliente en Redes Sociales

La IA también ha revolucionado la forma en que las empresas gestionan la atención al cliente en redes sociales. A través de chatbots impulsados por IA, es posible ofrecer respuestas automáticas a preguntas comunes, lo que mejora la experiencia del cliente y reduce la carga de trabajo en el equipo.

Herramientas para Crear Chatbots:

Tidio: Tidio es una herramienta muy fácil de usar que permite crear chatbots para tu página web y redes sociales. Puedes configurar respuestas automáticas para preguntas frecuentes como "¿Cuáles son sus horarios de atención?" o "¿Tienen disponibilidad de productos?", lo que facilita la interacción con los clientes y mejora su experiencia.

ManyChat: ManyChat es una de las plataformas de chatbot más populares, especialmente diseñada para integrarse con Facebook Messenger e Instagram. Con ManyChat, puedes automatizar respuestas, enviar mensajes personalizados a tus seguidores y hasta realizar ventas directamente desde el chatbot.

Landbot: Esta herramienta permite crear chatbots sin necesidad de conocimientos de programación. Landbot es ideal para páginas web y también se puede integrar con WhatsApp Business, lo que te permite ofrecer una atención al cliente automatizada a través de múltiples canales de comunicación.

Ejemplo Práctico: Una tienda online de ropa deportiva implementó un chatbot en Instagram a través de ManyChat. Este chatbot respondía automáticamente preguntas sobre la disponibilidad de productos y ofrecía recomendaciones basadas en las preferencias del usuario. Gracias a esta automatización, la tienda redujo los tiempos de respuesta a consultas en un 60% y aumentó sus ventas al permitir que los clientes compraran directamente desde el chat.

Ejemplos de Crecimiento Orgánico Usando IA
Pequeña Marca de Cosméticos Naturales: Esta empresa utilizó Buffer para programar todas sus publicaciones en Instagram y Facebook, y Canva con IA para diseñar gráficos atractivos. Gracias a la consistencia de sus publicaciones, lograron aumentar sus seguidores en un 40% en seis meses, con un incremento significativo en las ventas provenientes de redes sociales.

Tienda de Decoración para el Hogar: Utilizando Sprout Social, esta tienda online optimizó su estrategia de marketing en redes sociales. La herramienta de IA analizó las publicaciones y sugirió ajustar el estilo de las imágenes para aumentar el engagement. Después de implementar estos cambios, vieron un aumento del 25% en las interacciones, lo que llevó a más visitas a su sitio web y un aumento en las ventas.

Capítulo 6

Análisis y Predicción del Comportamiento del Cliente con IA

El comportamiento de los clientes es clave para el éxito de cualquier empresa. Conocer sus preferencias, hábitos de compra y necesidades permite a los negocios ofrecer productos o servicios personalizados que mejoran la experiencia del cliente y aumentan las ventas. Sin embargo, analizar y predecir el comportamiento de los clientes no siempre es fácil, especialmente para los emprendedores que no tienen acceso a grandes equipos de análisis de datos. Aquí es donde la Inteligencia Artificial (IA) juega un papel fundamental.

Gracias a la IA, los negocios pueden analizar grandes volúmenes de datos sobre los clientes, identificar patrones y hacer predicciones sobre sus futuras acciones. Este tipo de análisis predictivo permite a las empresas no solo mejorar su oferta, sino también anticiparse a las necesidades del cliente, ofreciendo productos o servicios en el momento adecuado.

Utilizando IA para Conocer a Tus Clientes

El primer paso para predecir el comportamiento del cliente es recopilar datos relevantes sobre ellos. La IA permite analizar automáticamente los datos recogidos de múltiples fuentes, como transacciones de compra, interacciones en redes sociales, correos electrónicos y el comportamiento de los usuarios en el sitio web. Al agrupar y analizar esta información, los algoritmos de IA pueden identificar patrones clave sobre los intereses y preferencias de los clientes.

Por ejemplo, si un cliente ha mostrado interés en varios productos de una categoría específica en tu tienda online, la IA puede predecir qué otros productos similares podrían interesarle y recomendar estos artículos automáticamente. Además, la IA es capaz de analizar cuándo y cómo los clientes interactúan más con tu marca, permitiéndote ajustar tus campañas de marketing y promociones de acuerdo con estos comportamientos.

Herramientas para Analizar el Comportamiento del Cliente:

Google Analytics con Machine Learning: Google Analytics ahora incluye funciones de IA que te permiten analizar el comportamiento de los usuarios en tu sitio web. Por ejemplo, puedes ver qué páginas son las más populares, qué secciones de tu sitio generan más conversiones y qué tipo de clientes están interactuando más. La IA en Google Analytics también predice qué usuarios tienen más probabilidades de convertir en clientes, basándose en su comportamiento anterior.

Pendo: Pendo es una plataforma de análisis que utiliza IA para rastrear cómo los clientes interactúan con tu producto o sitio web. Ofrece información detallada sobre qué funciones o productos son más utilizados, lo que te permite ajustar tu oferta para que se alinee mejor con las preferencias de los usuarios.

Recomendaciones Personalizadas: El Poder de los Algoritmos de IA

Una de las aplicaciones más valiosas de la IA en el análisis del comportamiento del cliente es la capacidad de generar recomendaciones personalizadas. Ya sea a través de una tienda online, correos electrónicos o redes sociales, ofrecer productos o servicios recomendados a tus clientes basados en sus intereses anteriores puede mejorar drásticamente la tasa de conversión.

Este tipo de personalización, que antes estaba reservada para grandes plataformas como Amazon o Netflix, ahora es accesible para pequeñas empresas gracias a herramientas de IA. Los algoritmos de IA pueden analizar el historial de navegación y compras de cada cliente para generar recomendaciones que se ajusten perfectamente a sus gustos y necesidades.

Herramientas para Recomendaciones Personalizadas:

Recombee: Como mencionamos anteriormente, Recombee es una herramienta que utiliza IA para ofrecer recomendaciones personalizadas a tus clientes. Puedes integrarla en tu tienda online para que los productos recomendados aparezcan automáticamente cuando los usuarios naveguen por tu sitio, mejorando su experiencia y aumentando la probabilidad de compra.

Dynamic Yield: Dynamic Yield es una plataforma de personalización impulsada por IA que permite ofrecer recomendaciones en tiempo real. La IA analiza en tiempo real el comportamiento de los usuarios para ajustar las recomendaciones de productos o servicios en función de lo que está mirando cada cliente en ese momento.

Ejemplo Práctico:
Imagina que tienes una tienda online de artículos para el hogar. Un cliente navega por tu sección de muebles de jardín y añade una mesa al carrito de compras. Con una herramienta como Recombee, la IA puede sugerir automáticamente sillas a juego, cojines o decoraciones de exterior que complementen la compra del cliente, aumentando el valor total de la venta.

Predicción de Necesidades Futuras: IA en el Análisis Predictivo

Más allá de las recomendaciones personalizadas, la IA también permite predecir qué productos o servicios serán más demandados en el futuro. Esto se conoce como análisis predictivo, una técnica que utiliza el historial de datos de tus clientes para anticiparse a sus comportamientos futuros. Por ejemplo, si un cliente ha comprado regularmente un producto cada cierto tiempo, la IA puede predecir cuándo será el momento ideal para ofrecerle una promoción o recordarle que lo vuelva a comprar.

El análisis predictivo también es útil para identificar patrones de comportamiento en grupos más amplios de clientes. Por ejemplo, si la IA detecta que los usuarios de un grupo demográfico específico tienden a comprar más en determinadas épocas del año, puedes ajustar tus campañas publicitarias para que coincidan con esos momentos clave, maximizando así el impacto de tus esfuerzos de marketing.

Herramientas para Análisis Predictivo:

Salesforce Einstein: Salesforce Einstein es una herramienta que utiliza IA para analizar y predecir el comportamiento de los clientes. Basado en datos históricos, te ayuda a prever qué clientes son más propensos a hacer una compra, qué productos tienen más demanda y cuándo es el mejor momento para realizar campañas de marketing.

IBM Watson Analytics: IBM Watson ofrece herramientas de análisis predictivo basadas en IA que te permiten identificar patrones ocultos en los datos de tu negocio. La IA sugiere acciones que puedes tomar para anticiparte a las necesidades de tus clientes y optimizar tus ventas.

Ejemplo Práctico: Un negocio de suscripción de comida saludable utiliza Salesforce Einstein para predecir el comportamiento de sus suscriptores. La IA analiza los datos de consumo y detecta que un grupo de clientes suele pedir más productos durante las vacaciones de verano. Con esta información, la empresa lanza una campaña de marketing anticipada con promociones especiales para esos clientes justo antes de las vacaciones, lo que aumenta las renovaciones de suscripciones.

Mejorando la Relación con los Clientes (CRM) usando IA

Los sistemas de Customer Relationship Management (CRM) son fundamentales para gestionar la relación con los clientes, y la IA ha mejorado estos sistemas drásticamente. Hoy en día, los CRM impulsados por IA no solo almacenan datos de los clientes, sino que también pueden analizar sus interacciones con tu empresa y ofrecer recomendaciones sobre cómo mejorar esas relaciones.

La IA en un CRM te puede ayudar a identificar cuándo un cliente está en riesgo de abandonar tu servicio (basado en su falta de interacción, disminución de compras o comentarios negativos), sugiriendo acciones para reengañarlos antes de que se pierdan. Además, puede automatizar el seguimiento con correos electrónicos personalizados, promociones o recordatorios de productos en función de los hábitos de compra de cada cliente.

Herramientas de CRM con IA:

HubSpot CRM con IA: HubSpot CRM ofrece funciones de IA que te permiten automatizar la gestión de clientes y personalizar el seguimiento. La IA analiza el comportamiento de los usuarios y sugiere cuándo es el mejor momento para enviar un correo o hacer una oferta personalizada para cada cliente.

Zoho CRM: Zoho CRM cuenta con Zia, un asistente de IA que te ayuda a predecir el comportamiento de los clientes, automatizar tareas y ofrecer recomendaciones personalizadas. Zia puede analizar la información de tus clientes y sugerir qué acciones tomar para cerrar más ventas o mejorar la satisfacción del cliente.

Ejemplo Práctico: Una pequeña consultoría de marketing utiliza Zoho CRM para gestionar sus clientes. Zia, el asistente de IA, analiza las interacciones de los clientes con la empresa y detecta que algunos de ellos no han participado en nuevas campañas en los últimos meses. El sistema sugiere enviar un correo electrónico personalizado ofreciendo un descuento en su próximo proyecto, lo que lleva a reactivar a varios clientes inactivos y generar nuevos negocios.

Ejemplos Prácticos de Análisis y Predicción del Comportamiento del Cliente Tienda Online de Moda: Esta tienda utiliza Recombee para ofrecer recomendaciones personalizadas a sus clientes en función de sus compras anteriores. Al integrar IA en su plataforma, han visto un aumento del 20% en las ventas promedio por cliente, ya que los clientes a menudo añaden productos recomendados a sus carritos de compras.

Negocio de Productos de Belleza: Utilizando Salesforce Einstein, este negocio predice cuándo sus clientes están a punto de quedarse sin sus productos favoritos basándose en patrones de compra. Un mes antes de que los clientes necesiten hacer un nuevo pedido, la empresa envía correos electrónicos con promociones especiales, lo que ha aumentado la tasa de recompra en un 15%.

Capítulo 7

IA para la Creación de Contenido

En el mundo digital actual, el contenido es esencial para atraer, comprometer y convertir a los clientes. Desde publicaciones en blogs hasta contenido para redes sociales y descripciones de productos, las empresas necesitan crear contenido constantemente para mantenerse relevantes. Sin embargo, generar contenido original de calidad puede ser un proceso largo y costoso, especialmente para pequeños negocios con recursos limitados.

Afortunadamente, la Inteligencia Artificial (IA) ha revolucionado la forma en que las empresas pueden producir contenido, haciéndolo más rápido, eficiente y accesible. En este capítulo, exploraremos cómo puedes utilizar herramientas impulsadas por IA para la creación automática de textos, generación de ideas y producción de contenido visual, sin necesidad de contar con un equipo grande o experiencia previa en marketing de contenidos.

Generación Automática de Contenido con IA

La IA ha hecho posible la creación automática de textos de manera sencilla y rápida. Ya no es necesario escribir cada palabra de una publicación de blog o una campaña de correo electrónico desde cero; ahora puedes delegar gran parte de esta tarea a herramientas de procesamiento de lenguaje natural, como ChatGPT.

Estas herramientas utilizan algoritmos avanzados para comprender el contexto y generar textos coherentes y atractivos basados en indicaciones que proporcionas. Lo mejor es que puedes personalizar el estilo y el tono del contenido según las necesidades de tu negocio, ya sea formal, casual o promocional.

Herramientas de Generación de Texto:

ChatGPT: Esta herramienta es ideal para generar contenido para blogs, correos electrónicos, redes sociales y más. Con solo proporcionar un tema o unas pocas palabras clave, ChatGPT puede crear artículos completos, publicaciones para redes sociales, respuestas automáticas y descripciones de productos en minutos. Puedes revisar y ajustar el texto según tus necesidades, pero la mayor parte del trabajo pesado lo hace la IA.

Jasper.ai: Jasper es otra herramienta de IA diseñada específicamente para la creación de contenido de marketing. Puedes usarla para escribir anuncios, correos electrónicos, páginas de destino y contenido para blogs. La IA genera texto basado en tus indicaciones y te permite ajustarlo según la voz de tu marca.

Ejemplo Práctico:
Una pequeña tienda online de productos para el cuidado de la piel utiliza ChatGPT para escribir descripciones detalladas de sus nuevos productos. Al generar el contenido automáticamente, el equipo puede lanzar nuevos productos más rápido, sin tener que pasar horas escribiendo manualmente cada descripción.

IA para la Creación de Contenido Visual

El contenido visual es crucial para captar la atención de los usuarios en redes sociales y páginas web. Sin embargo, no todas las pequeñas empresas tienen acceso a un equipo de diseño gráfico o a fotógrafos profesionales. Aquí es donde la IA también puede hacer una gran diferencia.

Hoy en día, existen herramientas de diseño impulsadas por IA que te permiten crear imágenes, gráficos, banners y presentaciones sin necesidad de ser un experto en diseño. La IA puede generar automáticamente diseños atractivos basados en plantillas preexistentes, ahorrándote tiempo y dinero.

Herramientas de Creación Visual:

Canva con IA: Canva es una plataforma de diseño gráfico que ha integrado funciones de IA para facilitar la creación de contenido visual. Puedes subir tus propias imágenes o utilizar plantillas de diseño automatizadas que se ajustan a tus necesidades. Canva también ofrece sugerencias impulsadas por IA para ayudarte a elegir los colores y el diseño adecuados, lo que te permitirá crear gráficos para redes sociales, presentaciones o anuncios en cuestión de minutos.

Crello: Similar a Canva, Crello es una herramienta de diseño gráfico que utiliza IA para ofrecer sugerencias de diseño personalizadas. Puedes elegir entre cientos de plantillas y ajustarlas automáticamente para que se adapten a tu marca. Esto te permite producir contenido visual de calidad sin necesidad de conocimientos avanzados en diseño gráfico.

Ejemplo Práctico: Una empresa de servicios financieros utiliza Canva para crear infografías y gráficos explicativos para sus redes sociales y sitio web. Con la ayuda de la IA, pueden generar contenido visual profesional en cuestión de minutos, lo que les permite comunicar de manera efectiva información compleja sobre sus productos financieros.

Optimización de Contenido para SEO con IA

El contenido optimizado para motores de búsqueda (SEO) es clave para aumentar la visibilidad de tu negocio en internet. La IA puede ayudarte no solo a crear contenido, sino también a optimizarlo para que sea más fácil de encontrar en buscadores como Google. Herramientas impulsadas por IA analizan el contenido, identifican palabras clave relevantes y te sugieren mejoras para que tu sitio web y blog aparezcan más arriba en los resultados de búsqueda.

Herramientas de Optimización SEO con IA:

Frase.io: Esta herramienta de IA ayuda a crear contenido optimizado para SEO de manera rápida. Frase.io analiza las primeras posiciones en Google de cualquier tema y sugiere cómo puedes mejorar tu contenido, ya sea incorporando ciertas palabras clave o añadiendo información que falta para hacer tu artículo más completo.

Surfer SEO: Surfer SEO utiliza IA para analizar el contenido de tus competidores y sugerir cambios que puedes hacer para mejorar tu ranking en los resultados de búsqueda. Puedes usar Surfer para optimizar artículos de blog, páginas de producto o cualquier tipo de contenido en tu sitio web.

Ejemplo Práctico: Una empresa de software utiliza Frase.io para optimizar sus publicaciones de blog. La IA analiza el contenido y sugiere cambios que incluyen la adición de palabras clave relevantes y mejoras en la estructura del artículo. Como resultado, las publicaciones optimizadas comenzaron a aparecer en los primeros resultados de Google, aumentando el tráfico orgánico al sitio web.

Generación de Ideas de Contenido con IA

Uno de los mayores retos para cualquier creador de contenido es generar nuevas ideas de manera constante. La IA puede ayudar a solucionar este problema al sugerir ideas de contenido basadas en análisis de tendencias, temas populares en redes sociales o el comportamiento de los usuarios. Al utilizar estas herramientas, puedes asegurarte de que siempre tendrás contenido relevante para compartir con tu audiencia.

Herramientas para Generar Ideas:

AnswerThePublic: Aunque no es una herramienta de IA en el sentido estricto, AnswerThePublic utiliza grandes volúmenes de datos para sugerir ideas de contenido. Simplemente ingresas una palabra clave, y la plataforma genera preguntas y temas relacionados que la gente está buscando en internet. Esto te da una base sólida para crear contenido que responda a las necesidades reales de tu audiencia.

BuzzSumo: BuzzSumo es una plataforma de análisis que utiliza IA para identificar los temas y formatos de contenido más populares en cualquier industria. Te permite ver qué tipo de contenido está generando más interacciones en redes sociales y sugiera temas basados en estas tendencias.

Ejemplo Práctico: Un blog de salud y bienestar utiliza AnswerThePublic para generar nuevas ideas de artículos. Al ingresar términos clave como "ejercicio para bajar de peso", la plataforma sugiere docenas de preguntas relacionadas que las personas están buscando en Google, como "¿Cuál es el mejor ejercicio para perder grasa abdominal?" o "¿Cuánto ejercicio debo hacer al día?". Con estas ideas, el equipo crea artículos que responden a preguntas específicas de los usuarios, lo que genera más visitas y engagement.

Mejores Prácticas para Integrar IA en la Creación de Contenido

La creación de contenido impulsada por IA puede ser una herramienta muy poderosa si se utiliza correctamente. Aquí tienes algunos consejos para asegurarte de que aprovechas al máximo estas tecnologías:

Revisa el Contenido Generado: Aunque las herramientas de IA son muy avanzadas, es importante revisar el contenido que generan para asegurarte de que se ajuste al tono y estilo de tu marca. Ajusta el texto o los diseños según sea necesario para que reflejen fielmente la voz de tu empresa.

Usa la IA como Complemento, no como Sustituto: La IA puede ayudarte a generar contenido más rápido, pero no debería reemplazar por completo el toque humano. Usa la IA para automatizar las tareas más rutinarias o repetitivas, pero asegúrate de mantener un nivel de personalización y creatividad que solo un ser humano puede aportar.

Experimenta con Diferentes Herramientas: Existen muchas herramientas de IA disponibles, y no todas son adecuadas para todos los negocios. Experimenta con diferentes plataformas y herramientas para encontrar las que mejor se adapten a tus necesidades y las de tu audiencia.

Ejemplos de Éxito en la Creación de Contenido con IA
Negocio de Venta de Tecnología: Esta empresa utiliza Jasper.ai para generar descripciones de productos en su tienda online. Gracias a la IA, han podido lanzar más de 50 nuevos productos en un mes, cada uno con una descripción detallada y atractiva, lo que ha incrementado las ventas un 15% respecto al mes anterior.

Blog de Viajes: Un pequeño blog de viajes utiliza Frase.io y Canva con IA para crear publicaciones optimizadas para SEO y gráficos llamativos. Al integrar estas herramientas en su estrategia de contenido, el blog aumentó su tráfico orgánico en un 40% en seis meses y ha conseguido atraer a más lectores fieles. which is to say, they were fine.

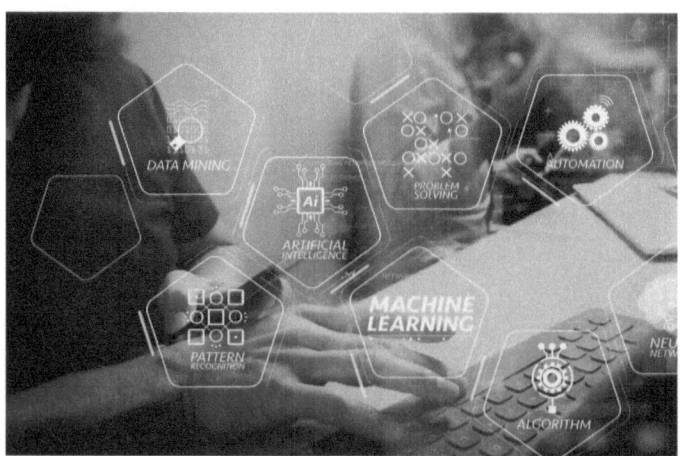

La Inteligencia Artificial ha dejado de ser una tecnología del futuro para convertirse en una herramienta accesible y poderosa para empresas de todos los tamaños.

www.ingramcontent.com/pod-product-compliance
Lightning Source LLC
Chambersburg PA
CBHW030516220526
45464CB00006B/2818